Charles Garnier

Charles Garnier

Editor in chief:
Paco Asensio

Archipockets coordination:
Aurora Cuito

Editor and original texts:
María Sol Kliczkowski

Photographs:
© Roger Casas,
except Monte-carlo Casino © Société des Bains de Mer
Perreard (40), L'Heritier (41 y 42 above and below),
Liegeois (42 centre), Coiron (43 above left),
Keichi Tahara (43 above right), Carassale (43 below)

English translation:
William Bain

German translation:
Susanne Engler

French translation:
Agencia Lingo Sense

Italian translation:
Giovanna Carnevali

Graphic Design / Layout:
Emma Termes Parera and Soti Mas-Bagà

Published worldwide by teNeues Publishing Group
(except Spain, Portugal and South-America):

www.teneues.com

teNeues Book Division
Kaistraße 18, 40221 Düsseldorf, Germany
Tel.: 0049-(0)211-994597-0
Fax: 0049-(0)211-994597-40

teNeues Publishing Company
16 West 22nd Street, New York, N.Y., 10010, USA
Tel.: 001-212-627-9090
Fax: 001-212-627-9511

teNeues Publishing UK Ltd.
Aldwych House, 81 Aldwych
London WC2B 4HP, UK
Tel.: 0044-1892-837-171
Fax: 0044-1892-837-272

teNeues France S.A.R.L.
140, rue de la Croix Nivert
75015 Paris, France
Tel.: 0033-1-5576-6205
Fax: 0033-1-5576-6419

Editorial project:

© 2003 LOFT Publications
Domènech, 7-9 2º 2ª
08012 Barcelona, Spain
Tel.: 0034 932 183 099
Fax: 0034 932 370 060
e-mail: loft@loftpublications.com
www.loftpublications.com

Printed by:
Gráficas Anman. Sabadell, Spain.

February 2003

Bibliographic information published by Die Deutsche Bibliothek
Die Deutsche Bibliothek lists this publication in the Deutsche Nationalbibliografie;
detailed bibliographic data is available in the Internet at http://dnb.ddb.de.

ISBN: 3-8238-5546-8

Garnier's Opera, Paris	Villa Etelinda	Concert room, Monte-Carlo Casino
Opéra Garnier, Paris	Villa Etelinda	Konzertsaal des Kasinos von Monte Carlo
Opéra Garnier, Paris	Villa Etelinda	Salle de concert du casino de Monte-Carlo
Opera Garnier, Parigi	**Villa Etelinda**	**Sala di Concerti del Casino di Montecarlo**

The main source of Charles Garnier's fame is the Paris Opera House, the most costly and ambitious French project of the second half of the nineteenth century. It is, without exaggeration, an endeavor that will establish a historic moment in the history of architecture.

Garnier's works can easily be seen to take in a wide diversity of projects of different sorts: he is the creator of mausoleums, of public recreational spaces, of private establishments, and of private homes built in his retirement in Bordighera, on the Italian Riviera. But in his every piece the volumes keep to a strict relation with the internal spaces, for Garnier respects the purest rationalist style while fusing it with a more natural intuition marked by the older rationalism of architects of the period, people like Viollet-le-Duc or Henri Labrouste. All of Garnier's work posits an alliance between tradition and innovation since, on the one hand, he used building features taken from classical architecture and, on the other hand, he firmly believed in the advantages of the new use of iron and technology. To each element he knew how to allot a pinch of his alchemy, as witness the original decorative gestures given the mausoleums, or the display of a more easygoing fantasy in the Bordighera buildings than what is found in the Parisian architecture.

A close and measured analysis of his work shows an array of characteristics that are never absent: minuteness of detail, the use of a range of materials, and a sure visual understanding of the whole composition.

Garnier transformed and revitalized the beaux art tradition of the nineteenth century. He created an innovative and brilliant architecture without losing sight of the academic origins and requisites, and this is all visible in his impeccable technique.

Ganz ohne Zweifel verdankt Charles Garnier seinen Ruhm der Oper von Paris, dem ehrgeizigsten und teuersten Projekt im Frankreich der zweiten Hälfte des 19. Jahrhunderts, das gleichzeitig einen historischen Moment in der Entwicklung der Architektur darstellte.

Dennoch beinhalten seine Arbeiten eine Reihe von Bauwerken sehr unterschiedlicher Natur. Garnier entwarf Gräber, öffentliche Freizeitanlagen, private Einrichtungen und Häuser in Bordighera an der italienischen Riviera, wohin er sich zurückgezogen hatte. Bei all seinen Gebäuden besteht eine sehr enge Beziehung zwischen dem inneren und dem äußeren Raum. Garnier plante im reinen rationalistischen Stil, aber er ließ seine natürliche Intuition in die Entwürfe einfließen und befreite sich so von dem althergebrachten Rationalismus anderer Architekten der Epoche wie Viollet-le-Duc oder Henri Labrouste. In allen Werken Garniers existierte eine Allianz zwischen Tradition und Erneuerung, denn einerseits benutzte er typische bauliche Elemente der klassischen Architektur, andererseits jedoch glaubte er fest an die Vorteile der Verwendung von Eisen und neuer Technologie. Jedem Element fügte er ein wenig von seiner Alchemie bei, wie es zum Beispiel die originellen Dekorationselemente der Gräber zeigen. Auch an den Gebäuden in Bordighera lässt er, im Gegensatz zu den Bauten in Paris, seiner Fantasie freien Lauf.

Gewisse Merkmale, aufgrund derer man die Urheberschaft stets leicht erkennen kann, sind an all seinen Bauwerken zu finden, so z.B. die peinliche Genauigkeit in den Details, die Benutzung verschiedener Materialien und visueller Kompositionen am Gesamtwerk.

Garnier gestaltete die Tradition der Beaux-Arts des 19. Jahrhunderts um und flößte ihr neues Leben ein. Er schuf eine innovative und erstklassige Architektur, ohne dabei deren Ursprünge und akademische Notwendigkeiten zu vergessen, denn seine Technik war stets einwandfrei.

Garnier's Opera, Paris
Opéra Garnier, Paris
Opéra Garnier, Paris
Opera Garnier, Parigi

Nice Astronomical Observatory
Sternwarte von Nizza
Observatoire astronomique de Nice
Osservatorio astronomico di Nizza

Charles Garnier doit incontestablement sa célébrité à l'Opéra de Paris, le projet français le plus ambitieux et somptuaire de la seconde moitié du XIXème siècle, qui marquerait un moment historique dans l'évolution de l'architecture.

Pour autant, son œuvre comporte une grande diversité de projets de natures distinctes. Garnier est ainsi l'auteur de sépultures, d'espaces de loisirs publics, d'établissements privés et de résidences construits depuis sa retraite à Bordighera, sur la Riviera italienne. Les volumes de toutes ses constructions conservent une étroite relation avec les espaces intérieurs. Garnier respecte le plus pur style rationaliste tout en le fusionnant avec une intuition plus naturelle, qui se détache du rationalisme passéiste d'autres architectes de l'époque, ainsi Viollet-le-Duc ou Henri Labrouste. De l'ensemble de l'œuvre de Garnier se déprend une alliance entre tradition et innovation, utilisant d'un côté les caractéristiques constructives de l'architecture classique, tout en croyant fermement, d'un autre côté, dans les avantages nés de l'usage du fer et de la technologie. Il sut apporter à chaque élément une once d'alchimie, comme les gestes décoratifs originaux offerts aux tombes ou les démonstrations d'une fantaisie, plus à son aise que dans les impératifs de l'architecture parisienne, mise en lumière par les édifices de Bordighera.

L'analyse de son œuvre révèle certaines caractéristiques accompagnant en permanence le génie de l'architecte : minutie dans les détails, utilisation de matériaux divers et compositions visuelles d'ensemble.

Garnier transforma et revitalisa la tradition des Beaux-Arts du XIXème siècle, créa une architecture novatrice et brillante, sans oublier les origines et les imposés académiques, sa technique étant sans faille.

Non c'è alcun dubbio che Charles Garnier debba la sua fama all'Opera di Parigi, il progetto francese più ambizioso e costoso della seconda metà del XIX° secolo, lo stesso che marcherà un momento storico nell'evoluzione dell'architettura.

Tuttavia i suoi lavori raggruppano una grande diversità di progetti di differente natura, Garnier è l'autore di tombe, di spazi pubblici ricreativi, di stabilimenti privati e di edifici residenziali costruiti nel suo luogo di ritiro, Bordighera, nella Riviera Italiana. In tutte le sue costruzioni i volumi hanno una stretta relazione con gli spazi interni; Garnier rispetta il più puro stile razionalista ma allo stesso tempo lo fonde con un'intuizione più naturale che si svincola dall'antico razionalismo di altri architetti dell'epoca come Viollet-le-Duc o Henri Labrouste. In tutta l'opera di Garnier esiste una specie di accordo tra tradizione e innovazione, per il fatto che da un lato utilizzò caratteristiche costruttive dell'architettura classica e dall'altro credeva fermamente nei vantaggi nell'uso del ferro e della tecnologia. A ciascun elemento seppe apportare una dose della sua alchimia, come nei suoi originali gesti decorativi che seppe dare alle tombe o le dimostrazioni di una fantasia più rilassata che si trovano nei suoi edifici in Bordighera rispetto all'architettura di Parigi.

Nell'analisi delle sue opere si avvertono come costante certe caratteristiche che accompagnano sempre il modo di fare del lavoro dell'architetto: minuziosità del dettaglio, utilizzazione di diversi materiali e composizione visuale del complesso.

Garnier trasformò e rivitalizzò la tradizione delle Belle Arti del secolo XIX°, creando un'architettura innovativa e brillante senza dimenticare gli ordini ed i requisiti accademici, considerato il fatto che la sua tecnica era impeccabile.

Garnier's Paris Opera

Rue Scribe, Paris, France
1861–1875

In 1860, Charles Garnier entered his bid in the competition for the construction of the Paris Opera House. Although the preferred architect just then was Viollet-le-Duc, Garnier convinced the judges with his project, which he called "Napoleon III style". The building took fourteen years and represents his peak work, to the point of bearing his name. The modular subdivisions the building presents organize the space by its respective uses. The total area is divided into two zones: in one of these is the vestibule, the stairway, and the auditorium; in the other, the stage and the administrative offices. The architect makes the polygonal shape of the building's emplacement consequence of the design and not the reverse. The building is crowned by a large dome whose original purpose—the extraction of gases—went out of fashion with the advent of electricity. The decoration of the façades is the work of different artists, and dressed with a wide array of sculptural forms. But the monument seems to have devoured the sculpted pieces that make it up. An artistic synthesis is the result, making for movement, forms, and color to create a great architectural spectacle.

1860 nahm Garnier an einem Wettbewerb zum Bau der neuen Pariser Oper teil. Obwohl der beliebteste Architekt jener Epoche Viollet-le-Duc war, überzeugte er mit seinem Projekt, das er als Stil „Napoleon III" bezeichnete. Der Bau dauerte 14 Jahre und ist sein Meisterwerk, das sogar seinen Namen trägt. Der Raum ist nach funktionellen Aspekten gegliedert, so dass sich das Gebäude in zwei Bereiche unterteilt, der erste enthält Eingangshalle, Treppenhaus und Auditorium und der zweite Bühne und Verwaltung. Der Architekt erreicht, dass die vieleckige Form des Grundstücks eine Folge des Entwurfs zu sein scheint und nicht umgekehrt. Das Gebäude wird von einer großen Kuppel gekrönt, deren ursprüngliche Funktion, nämlich das Ableiten von Gas, mit der Einführung der Elektrizität wegfiel. Die Dekoration der Fassade ist das Werk verschiedener Künstler, die ihr eine starke Plastizität gaben. Dennoch scheint das Gebäude die Skulpturelemente, aus denen es besteht, verschlungen zu haben, so dass eine künstlerische Synthese entsteht, die Bewegung, Formen und Farbe vereint, um ein großes Schauspiel der Architektur zu bilden.

En 1860, Charles Garnier participait au concours de construction du nouvel opéra de Paris. Bien que l'architecte en vogue du moment fut Viollet-le-Duc, Garnier arrive à imposer son projet convaincant, qu'il qualifie de « style Napoléon III ». La construction se prolongera durant quatorze années pour devenir son œuvre phare, portant même son propre nom. Les subdivisions modulaires affichées organisent l'espace selon ses fonctions respectives, la surface totale étant ainsi divisée en deux zones : l'une abrite le hall d'entrée, l'escalier et l'auditorium, et l'autre la scène et l'administration. L'architecte réussit à faire apparaître la forme polygonale de l'emplacement de l'édifice comme une conséquence de la création, et non à l'inverse. Le bâtiment est couronné d'une vaste coupole dont la fonction originale – l'évacuation du gaz – devint obsolète à l'arrivée de l'électricité. La décoration des façades est l'œuvre de divers artistes, qui la revêtirent d'une grande variété de formes sculpturales. Pourtant, le monument paraît avoir dévoré les sculptures qui le composent. De là une synthèse artistique qui réunit mouvements, formes et couleur afin de créer un véritable spectacle d'architecture.

Nel 1860 Charles Garnier partecipa al concorso per la costruzione della nuova Opera di Parigi. Non ostante il fatto che l'architetto preferito dell'epoca fosse Viollet-le-Duc, Garnier riesce a vincere con il suo progetto, che qualifica lo "stile di Napoleone III". La costruzione si prolungherà quattordici anni e rappresenterà la sua opera maestra, fino al punto che porterà il suo stesso nome. Le suddivisioni modulari che rappresentano e organizzano lo spazio a seconda delle sue rispettive funzioni, rendono possibile che l'area totale risulti divisa in due zone: in una si ubicano il vestibolo, il corpo scale e l'auditorio, nella seconda, il corpo scenico e la zona amministrativa. L'architetto riesce a dare l'impressione che la forma poligonale dell'area edificabile sia conseguenza del disegno del progetto e non viceversa. L'edificio è coronato da una grande cupola, la cui funzione principale – la fuoriuscita di gas – ebbe fine con l'avvento dell'elettricità. La decorazione delle facciate é opera di diversi artisti e la adornarono con una grande varietá di forme scultorei. Non ostante il monumento sembra aver occultato totalmente questi elementi scultorei che lo compongono, raggiunge una sintesi artistica che riassume movimenti, forme e colori per creare un grande spettacolo architettico.

Villa Garnier

Via Charles Garnier 11, Bordighera, Italy
1871

This villa, in the eastern part of the city of Bordighera, was the private residence of Charles Garnier from the year 1871. The terrain is situated in a privileged location by the sea, the elegance of its imperious white tower dominating the city. To make certain of this property and its views, the architect acquired another lot and four adjacent villas. When he died, the residence became part of the property of the Ventimiglia diocese. Since 1954, it has belonged to the convent of San Giuseppe d'Aosta. Garnier's son also lived in this villa for four years; Charles Garnier took him to the Riviera in hopes of seeing his health, threatened by a lung ailment, improve with the climate. The building occupies the site of the old church of San Sebastiano, which was converted into a public school. The Moorish arches show the reference adopted by Garnier as the starting point for his project. The three different levels of the house are related to each other by way of an elegant wooden staircase; the ground floor was destined to serve social gatherings, and the top floor was reserved for private life.

Diese Villa im Osten von Bordighera war seit 1871 der private Wohnsitz Charles Garniers. Das Grundstück liegt direkt am Meer dem Hafen gegenüber. Von diesem wundervollen Ort aus beherrscht der weiße Turm des Hauses die Stadt. Um den Ausblick zu erhalten, erwarb der Architekt ein anderes Grundstück und die vier anliegenden Villen. Nach seinem Tod ging die Villa in das Eigentum der Diözese Ventimiglia über. Seit 1954 gehört sie den Schwestern von San Giuseppe d'Aosta. Auch Garniers Sohn wohnte vier Jahre lang in dieser Villa. Garnier brachte ihn in der Hoffnung an die Riviera, dass das gute Klima seine von einer Lungenkrankheit angegriffene Gesundheit fördern würde. Die Villa steht in einer langen Tradition: Die alte Kirche San Sebastiano wurde zunächst zu einer öffentlichen Schule umgebaut, die dann Garnier zur Villa umgestaltete. Die maurischen Bögen zeigen, was der Ausgangspunkt der Pläne Garniers war. Die drei Ebenen des Hauses sind über eine elegante Holztreppe miteinander verbunden. Im unteren Stockwerk fand das soziale Leben statt, das obere war für private Zwecke reserviert.

Cette villa, située dans la partie Est de la ville de Bordighera, devint la résidence privée de Charles Garnier à comper de 1871. Le terrain occupe une position privilégiée, au bord de la mer et face au port, depuis laquelle l'élégance de sa tour immaculée domine, impérieuse, la cité. Afin de s'assurer la propriété et la vue, l'architecte acquit un second terrain et les quatre villas voisines. À son décès, la résidence devint propriété du diocèse de Ventimiglia. Depuis 1954, elle appartient aux sœurs de Saint Joseph d'Aoste. Cette villa accueillit également son fils durant quatre ans ; Charles Garnier l'emmena sur la Riviera dans l'espoir que la douceur du climat saurait améliorer sa santé, affectée par une maladie pulmonaire. Le bâtiment prend la place de l'ancienne église de Saint Sébastien, qui avait été convertie en école publique. Les arches mauresques témoignent de la référence adoptée par Garnier comme point de départ du projet. Un élégant escalier de bois fait communiquer les trois niveaux de la maison ; le premier étage était destiné à la vie sociale, la vie privée se réservant l'étage supérieur.

Questa villa, ubicata nella zona est della cittadina di Bordighera, rappresenta la residenza privata di Charles Garnier dal 1871. Il terreno si colloca in una situazione privilegiata, vicino al mare e difronte al porto, dal quale l'eleganza della sua torre bianca domina imperiosa la città. Per assicurarsi la proprietà e la vista, l'architetto comprò un altro terreno e quattro ville limìtrofe. Dopo la sua morte, la residenza diviene proprietà della Diocesi di Ventimiglia. Dal 1954 appartiene alle sorelle di San Giuseppe d'Aosta. In questa villa visse anche suo figlio per quattro anni; Charles Garnier lo portò in Riviera pensando che il clima mite migliorasse le condizioni di salute del figlio, colpito da una malattia ai polmoni. L'edificio occupa l'area di una antica chiesa di San Sebastiano, convertitasi successivamente in una scuola pubblica. Gli archi moreschi sono testimoni della referenza che Garnier prese in considerazione come punto di partenza del suo progetto. I tre livelli della casa si relazionano mediante una elegante scala in legno; la pianta piano terra era destinata alla vita sociale, mentre quella superiore era riservata alla vita privata.

Communal School

Piazza Edmondo De Amicis 28, Bordighera, Italy
1873–1878

In exchange for the school he converted into his house, Garnier offered Bordighera Town Hall construction of this other building, accommodating more students. The building is highly symmetrical, with a central wing with smooth-textured facings and a simple cornice. It was flanked by two smaller masses with simpler detailed work. The front of the building is like a terraced mirador oriented toward the sea and the lower city. The whole takes its reference from the Italian palace, with exhaustively studied proportions and a much-simplified classical language. The idea is that the building should not stand out in the urban setting, in spite of its privileged emplacement. Thus was an architecture created that easily integrated itself into the environment and expressed its institutional character. The architect brought together all of the requirements necessary to give shape to a building of simple lines and with the necessary functional nature. However, the incessant modifications which the original project underwent delayed its conclusion. Nor was the desired result obtained since the school was in fact too small and hence eventually had to be used to house Town Hall offices.

Da Garnier die Schule zu seinem Haus umgebaut hatte, bot er der Verwaltung von Bordighera die Errichtung eines anderen Gebäudes für eine größere Schülerzahl an. Er entwarf ein symmetrisches Gebäude mit einem glatt weiß getünchten Kern, der von einem einfachen Kranzgesims gekrönt war. Die beiden seitlichen Gebäudeteile sind kleiner und einfacher. An der Vorderfront befindet sich eine Aussichtsterrasse mit Blick aufs Meer und die Stadt. Das Gebäude ist von italienischen Palästen inspiriert, die Proportionen sind bis ins letzte Detail durchdacht und die klassische Ausdrucksweise stark vereinfacht. So hebt sich dieses schön gelegene Gebäude wenig von der Umgebung ab. Die Architektur sollte sich gut ins Stadtbild einfügen und gleichzeitig den institutionellen Charakter unterstreichen. Der Architekt wurde diesen Anforderungen gerecht und schuf ein funktionelles Gebäude mit einfachen Linien. Doch wurde aufgrund der ständigen Änderungen des Originalplans die Fertigstellung erheblich verspätet und das gewünschte Ergebnis nicht erzielt. Die Schule wurde kleiner als erwartet und schließlich brachte man Abteilungen der Stadtverwaltung dort unter.

En échange de l'école qui devenait sa résidence, Garnier offrit à la municipalité de Bordighera de construire un autre bâtiment susceptible d'accueillir un plus grand nombre d'élèves. Il projeta ainsi une création toute de symétrie, avec un volume central au plâtre lisse couvert d'une corniche simple et flanqué de deux volumes de moindres dimensions et plus simples dans leurs détails. La façade de l'édifice présente une terrasse offrant des vues sur la mer et la partie basse de la ville. L'ensemble fait référence au palais italiens, aux proportions longuement étudiées et s'appuyant sur un langage classique épuré. L'objectif : se fondre dans l'environnement urbain, au sein duquel il disposait d'un emplacement privilégié. Il était question d'atteindre une architecture s'intégrant aisément dans sa réalité et à même d'exprimer son caractère institutionnel. L'architecte sut réunir l'ensemble des impératifs afin d'engendrer une construction aux lignes simples, fonctionnelle par destination. Pour autant, les incessantes modifications du projet initial retardèrent sa conclusion sans concrétiser l'objectif prévu. En effet, l'école était plus petite que prévu et fut finalement destinée aux dépendances de la municipalité.

Per sdebitarsi del fatto che la scuola divenne la sua residenza, Garnier si offrì al Comune di Bordighera, di costruire un altro edificio che accogliesse un maggior numero di alunni. Disegnò pertanto un progetto di grande simmetria, un volume centrale in un rivestimento liscio rifinito con una semplice cornice e fiancheggiato da due volumi di più piccola dimensione e più semplici nei dettagli. Il fronte dell'edificio si presenta con una terrazza panoramica orientata verso mare e verso la parte bassa della città. Il complesso prende come riferimento il palazzo italiano, con le proporzioni millimetricamente studiate e un linguaggio classico molto semplificato, per non distaccarsi troppo dal contesto entro cui è collocato, e dal quale può trarre vantaggio dell'incredibile vista. Si pretendeva di ottenere un'architettura che si integrasse facilmente con il contesto e che espressasse il suo carattere istituzionale. L'architetto riuscì a riunire attorno a sé tutti i mezzi utili per costruire un edificio di linea semplice e funzionale. Tuttavia, le incessanti modifiche sottoposte al progetto originale ritardarono la conclusione dei lavori e non ottennero il risultato desiderato: la scuola risultò più piccola rispetto al progetto iniziale e venne destinata ad accogliere degli uffici amministrativi del Comune.

Villa Etelinda

Via Romana 38, Bordighera, Italy
1875

This villa originally belonged to Rafael Bischoffsheim, a wealthy German banker who commissioned Charles Garnier with its construction in 1873. On this site, Queen Margaret of Savoy was greeted on her first visits to Bordighera. The villa was given the name Etelinda by the English family that lived there later, and it kept that name when afterwards acquired by the royal family. Faced with the need to draw up a project for a prestigious and monumental residence, Garnier employed an element that had become a constant in the architecture being developed in this area: a perpendicular piece in the form of a tower and which, in this case, firmly establishes the volumes of the composition. At the entrance, a polychrome mosaic in the frieze commemorates the first visit of the queen to the villa. Garnier conceived the project as a mix of heterogeneous styles. He also used elements that he would repeat in other buildings on the shores of the Mediterranean, such as the Moorish touches. The villa also witnessed certain historical events such as the meeting between Mussolini and Franco in 1938.

Diese Villa gehörte ursprünglich Rafael Bischoffsheim, einem reichen deutschen Bankier, der Charles Garnier 1873 mit dem Bau beauftragte. Hier wurde die Königin Margaret of Savoy während ihrer ersten Besuche in Bordighera empfangen. Den Namen Etelinda verdankt die Villa der englischen Familie, die dort später lebte. Dieser Name blieb auch nach dem Erwerb des Gebäudes durch die königliche Familie erhalten. Da es eine prachtvolle und monumentale Residenz werden sollte, verwendete Garnier ein vertikales Element in Form eines Turmes, das zu einer Konstanten seiner Architektur in der Region geworden war und das bei diesem Gebäude die Komposition des Komplexes unterstreicht. Am Eingang der Residenz erinnert ein buntes Mosaik am Fries an den ersten Aufenthalt der Königin in der Villa. Garnier entwarf den Bau als eine Mischung verschiedenartiger Stile und Elemente mit maurischem Einfluss. Im gleichen Stil errichtete er später andere Gebäude am Mittelmeer. Die Villa war Zeuge historischer Ereignisse, 1938 trafen sich dort Mussolini und Franco.

Cette villa appartenait, à l'origine, à Rafael Bischoffsheim, un riche banquier allemand, qui en passa commande à Charles Garnier en 1873. L'endroit s'enorgueillit de la visite de la reine Marguerite de Savoie, lors de ses premières incursions à Bordighera. La résidence fut baptisée du nom d'Etelinda par la famille anglaise qui l'habiterait plus tard. Le titre serait préservé lors de son acquisition ultérieure par la famille royale. Devant la nécessité de projeter une résidence prestigieuse et monumentale, Garnier recourut à un élément qui s'était transformé en une constante du style architectural typique dans la région : un élément vertical en forme de tour qui souligne, dans cet ensemble, la composition du volume. À l'entrée de la demeure, une mosaïque polychrome de la frise rappelle le premier séjour de la reine dans la villa. Garnier conçut le projet comme un mariage de styles hétérogènes et d'éléments auxquels il devrait recourir à nouveau pour d'autres réalisations sur les rives méditerranéennes, ainsi son caractère mauresque. La villa fut témoin de quelques rendez-vous historiques, notamment l'entrevue de Mussolini et de Franco en 1938.

Questa villa appartiene in origine a Rafael Bischoffsheim, un ricco banchiere tedesco che dette la commissione dell'edificio a Charles Garnier nel 1873. In questo palazzo venne ospitata la regina Margherita di Savoia nelle sue prime visite a Bordighera. La villa venne battezzata con il nome di Etelinda per la famiglia inglese che la abitò più tardi e mantenne questo nome quando successivamente venne comprata dalla famiglia reale. Prima di esprimere la necessità di progettare una residenza prestigiosa e monumentale, Garnier adoperò un elemento che si convertì in una costante nella sua architettura che progettava in quella zona: un elemento verticale a forma di una torre che in questo complesso si distacca dalla composizione del volume intero. Nell'entrata della residenza, un mosaico policromo nel fregio ricorda immediatamente la regina nella villa. Garnier pensò il progetto come un misto di stili eterogenei e di elementi che ripeterà in altre opere mungo la costa mediterranea, come per esempio il suo carattere moresco. La villa fu testimone di alcuni avvenimenti storici, come per esempio si ricorda l'incontro tra Mussolini e Franco nel 1938.

Concert Room, Monte-Carlo Casino

Place du Casino, Monte-Carlo, Principauté de Monaco
1878

Like the Paris Opera, this concert hall was financed by François Blanc. It was initially conceived as a place of entertainment for the Russian and English aristocracy that frequented Monte-Carlo. Built in the back part of the casino, it looks onto the sea. The façade, with its polychrome mosaic with floral motifs, is comprised of three large arcades with four red granite columns. Flanking this are two svelte side towers, each with a lantern. The interior room is nearly cubical, measuring 400 square meters. On this occasion, the social distinction used in the Paris Opera did not serve because what was foreseen was the exclusive attendance of the aristocratic elite and the royal family. The room's decor was made especially vigorous to do away with the plainness of the wall; rich sculptural forms were introduced with references to music and dance. In spite of the firm opposition of Garnier, the theater was reformed later in order to have luxury space made available to certain families of renown, introduce the orchestra, and improve visibility. This was an intervention that skewed the volumetric relation we see from the exterior.

Ebenso wie die Oper in Paris wurde dieser Konzertsaal von François Blanc finanziert. Zunächst war er für die russische und englische Aristokratie bestimmt, die Monte Carlo besuchte. Er wurde im hinteren Teil des Kasinos in idyllischer Lage am Meer gebaut. Die Fassade, von der sich ein buntes Blumenmosaik abhebt, besteht aus drei großen Arkaden mit vier Säulen aus rotem Granit. Auf beiden Seiten stehen zwei schlanke Türme mit Dachfenstern. Der 400 Quadratmeter große Saal ist fast kubisch. An diesem Bau wurde keine soziale Unterscheidung wie bei der Pariser Oper vorgesehen, da er ja nur für die aristokratische Elite und die königliche Familie bestimmt war. Der Saal wurde mit üppigen plastischen Formen dekoriert, die auf Musik und Tanz anspielen, um die Mauer zu kaschieren. Gegen den Widerstand Garniers wurde das Theater später renoviert, um getrennte Bereiche für wichtige Familien zu erhalten, ein Orchester einzuführen und die Sicht zu verbessern. Dieser Eingriff zerstörte die von außen erkennbare, am Volumen orientierte Ordnung.

À l'image de l'Opéra de Paris, cette salle de concert fut financée par François Blanc. Elle était initialement conçue comme un espace de loisirs pour la clientèle aristocratique russe et anglaise fréquentant Monte-Carlo. Elle fut construite sur l'arrière du casino, un emplacement privilégié face à la mer. La façade, sur laquelle se détache une mosaïque polychrome aux motifs floraux, se compose de trois grandes arcades reposant sur quatre colonnes de granit rouge. Elle compte de chaque côté deux tours élancées dotées chacune d'une lucarne. La salle intérieure est quasiment carrée, affichant 400 mètres de côté. Ici, la distinction sociale de l'opéra parisien était superfétatoire, l'entrée étant réservée à l'aristocratie et à la famille royale. L'accent fut porté sur la décoration de la salle, surtout pour gommer un mur omniprésent. Furent ainsi introduites de riches formes sculpturales, faisant référence à la musique et à la danse. En dépit de l'opposition de Garnier, le théâtre fut rénové ultérieurement pour disposer d'espaces différenciés destinés à certaines familles de renom, introduire un orchestre et améliorer la visibilité. Une intervention qui affecterait la relation volumétrique appréciable depuis l'extérieur.

Così come per l'Opera di Parigi, questa sala di concerti venne finanziata da François Blanc, e inizialmente venne concepita come uno spazio ludico per una clientela aristocratica russa e inglese che frequentava Montecarlo. Venne costruita nella parte posteriore del Casino, in un sito privilegiato in fronte al mare. La facciata, dalla quale risalta un mosaico policromo con motivi floreali, si compone di tre grandi arcate con quattro colonne di granito rosso ed è fiancheggiata da due snelle torri laterali, ciascuna di queste con un suo proprio lucernario. La sala interna è quasi cubica e misura un 400 metri quadrati. Secondi questo punto di vista non vi era nessuna distinzione dall'opera parigina, incluso anche il dettaglio dell'esclusività di fruizione dell'edificio, per l'elite aristocratica della famiglia reale. La decorazione della sala venne molto curata specialmente per cancellare la materialità del muro e vennero introdotte ricche forme scultore che si ispiravano alla musica e alla danza. Non ostante la ferma opposizione di Garnier, il teatro venne ristrutturato posteriormente al fine di disporre un maggior numero di spazi distaccati destinati a certe famiglie di grande prestigio, per introdurre l'orchestra e migliorare la visibilità. Un intervento che cambiò la relazione volumetrica di ciò che si apprezza all'esterno.

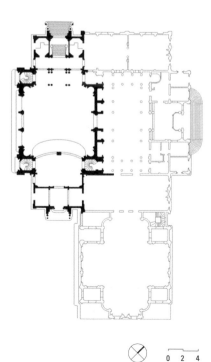

Plan
Grundriss
Niveau
Pianta

⊗   0 2 4

42 Concert Room, Monte-Carlo Casino

Nice Astronomical Observatory

Grande Corniche, Mont Gros, Nice, France
1879–1887

In this project two great figures of the architecture of the nineteenth century participated: Charles Garnier himself and the engineer Gustave Eiffel. After the Paris Opera Hall, this work constitutes the most complicated that Garnier did. The complex is made up of different pavilions arranged so as to form a geometrical design around the Grand Equatorial building—crowned by a metal dome by Eiffel. This piece was designed to hold the largest lens in the world at that time, conceived by Garnier as a temple consecrated to science. What Garner did was apply a solid base and architectural elements that are distinctly Egyptian and neo-Grecian. The watchman's house, the stables, and the roofs are gabled constructions with elements common to the architecture of Northern Europe. The Maison Jumelle, decorated with polychrome elements and of great originality, was designed to provide lodging for the astronomers. Its structure and distribution responds (as does that of the library) to the premise of functionality. Both volumes present three distinct bodies decorated with arches, mosaics, inscriptions, and sculptures as well as an exterior terrace that offers magnificent panoramic views.

An diesem Projekt waren zwei große Architekten des 19. Jahrhunderts beteiligt, Charles Garnier und der Ingenieur Gustave Eiffel. Es ist das komplexeste Werk Garniers nach der Oper von Paris. Das Bauwerk besteht aus verschiedenen Pavillons, die eine geometrische Form um das Gebäude Grand Equatorial bilden, das von einer Metallkuppel – ein Entwurf von Eiffel – gekrönt ist. In diesem Gebäude sollte die zur damaligen Zeit größte Linse der Welt untergebracht werden. Garnier entwarf es als einen heiligen Tempel der Wissenschaft mit einem festen Fundament und verschiedenen ägyptischen und neugriechischen architektonischen Elementen. Das Wächterhaus, die Pferdeställe und Schuppen sind Gebäude mit Satteldach und Elementen der nordeuropäischen Architektur. Das mit bunten und originellen Elementen dekorierte Gebäude Maison Jumelle war zur Unterbringung der Astronomen bestimmt. Ebenso wie die Bibliothek ist dieses Gebäude in einer Struktur und Aufteilung sehr funktionell. Beide Komplexe besitzen drei verschiedene Körper, die mit Bögen, Mosaiken, Inschriften und Skulpturen geschmückt sind, und eine Terrasse mit einem wundervollen Panoramablick haben.

Ce projet vit la rencontre de deux grandes figures de l'architecture du XIXème siècle : Charles Garnier lui-même et l'ingénieur Gustave Eiffel. Après l'Opéra de Paris, il s'agit de l'œuvre la plus complexe de Garnier. L'ensemble est formé de divers pavillons disposés selon un dessin géométrique, autour du bâtiment Grand Équatorial – couronné par une coupole métallique, la création d'Eiffel. Ce volume, conçu afin d'héberger le plus grand miroir du monde de l'époque, fut pensé par Garnier comme un temple consacré à la science. Il lui offrit un socle solide et différents éléments d'architecture égyptiens et néo-grecs. La maison du gardien, les étables et les hangars présentent toutes un toit à double pente et sont affectées d'éléments propres de l'architecture du nord de l'Europe. La Maison Jumelle, décorée de pièces polychromes d'une grande originalité, était destinée à accueillir les astronomes. Sa structure et sa distribution répondent, comme pour le bâtiment abritant la bibliothèque, à la prémisse fonctionnelle. Les deux volumes comportent trois corps distincts, décorés d'arches, de mosaïques, d'inscriptions et de sculptures, et une terrasse extérieure aux magnifiques vues panoramiques.

In questo progetto confluirono due grandi figure dell'architettura del XIX° secolo: lo stesso Charles Garnier e l'ingegnere Gustave Eiffel. Dopo l'opera di Parigi, questa rappresenta il progetto più complessa di Garnier. Il volume è costituito da vari padiglioni disposti in modo tale da formare un disegno geometrico intorno all'edificio Grand Equatoriale coronato da una cupola metallica, opera di Eiffel. Questo volume, disegnato per ospitare la lente più grande del mondo fino a quel momento, venne concepito da Garnier come un tempio sacro della scienza, e fu progettato come un solido volume con distinti elementi dell'architettura egiziana e neo-greca. La casa del guardiano, la cuderia e le rimesse, sono edifici con tetto a spiovente che presentano elementi propri dell'architettura del nord Europa. La Maison Jumelle, decorata con elementi policromi di grande originalità, vennero disegnati per ospitare gli astronomi, e la struttura e distribuzione risponde, così come accade all'edificio della biblioteca, al requisito fondamentale della funzionalità. Entrambi i volumi presentano tre corpi distinti decorati con archi, mosaici, iscrizioni e sculture e una terrazza esterna offre magnifiche viste panoramiche.

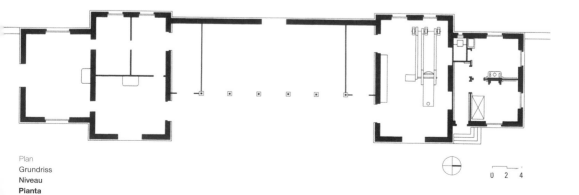

Plan
Grundriss
Niveau
Pianta

U 2 4

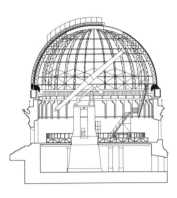

Cross section
Querschnitt
Section transversale
Sezione trasversale

0 2 4

Marigny Theater

Avenue de Marigny, Paris, France
1883

In 1883, Garnier transformed the landscape of the Champs-Elysées with a building that would later become the Marigny Theater. At the beginning of the nineteenth century, Paris had seen the coming into fashion of panoramas, which consisted of a pictorial work located on the perimeter of a large hollow cylinder that permitted 360-degree viewing. This gave the optical impression of being right in the picture since it eliminated the reference point that usually kept the viewer at a certain distance from the work. The original building, that included one of these panoramas, was entirely restored in 1925 by Grimaldi and Ulmer, who complemented the structure with a circular gallery that went around the room and the stage. This liberated circulation in the building, giving it the peculiar shape seen from the outside. The interior space is perfectly distributed between audience and stage. It presents easy access to the stage for the actors, and for the audience to the hall. The decoration included a highly detailed selection of colors for the seats, carpets, and paintings, which are in the eighteenth-century English style.

1883 veränderte Garnier das Stadtbild an der Champs-Elysées und errichtete ein Gebäude, das spätere Theatre Marigny. Zu Beginn des 19. Jahrhunderts begann in Paris die Mode der Panoramen, die aus einem Bild bestanden, das in einem großen, hohlen Zylinder untergebracht wurde, so dass man es innerhalb 360° betrachten konnte. So wurde der optische Eindruck erweckt, dass man sich in der Szene befindet, da der Referenzpunkt wegfiel, der normalerweise den Betrachter in einem gewissen Abstand vom Werk hält. Das Originalgebäude, das eines dieser Panoramen enthielt, wurde 1925 von den Architekten Grimaldi und Ulmer vollkommen renoviert. Sie ergänzten die Struktur mit einer runden Galerie um Saal und Bühne, die im Gebäude mehr Bewegungsfreiheit schafft und ihm die besondere, von außen erkennbare Form gibt. Die Räume sind perfekt zwischen Publikum und Bühne aufgeteilt, die Schauspieler gelangen leicht auf die Bühne und die Zuschauer einfach in den Saal. Die Farben der Sitze, die Teppiche und Malereien im englischen Stil des 18. Jahrhunderts wurden sorgfältig ausgewählt.

En 1883, Garnier transforma le paysage des Champs-Élysées avec un édifice qui deviendrait plus tard le théâtre Marigny. À l'orée du XIXème siècle, Paris voyait surgir la mode des panoramas. Il s'agissait d'illustrations colorées, placées sur le pourtour d'un grand cylindre creux et offrant ainsi une observation à 360°. De là naissait une impression optique d'être immergé dans la scène dépeinte : en effet le point de référence, qu'un spectateur maintient habituellement à certaine distance d'une œuvre, était éliminé. Le bâtiment originel, qui appartenaient à un de ces panoramas, fut entièrement restauré en 1925 par les architectes Grimaldi et Ulmer, qui complétèrent la structure avec une galerie circulaire faisant le tour de la salle et de la scène, libérant ainsi la circulation dans l'édifice tout en lui conférant la forme particulière appréciable depuis l'extérieur. L'espace intérieur est parfaitement distribué entre le public et la scène et présente un accès aisé des acteurs au plateau et des spectateurs à la salle. La décoration repose sur un choix minutieux des couleurs des fauteuils, des tapis et des peintures, profondément inscrit dans le style anglais du XVIIIème siècle.

Nel 1883 Garnier trasformò il paesaggio dei campi Elisei con un edificio che successivamente si convertì nel teatro Marigny. Al principio del secolo XIX a Parigi era nata la moda dei "panorama", che consisteva in una opera pittorica collocata al perimetro di un grande cilindro vuoto che permetteva la sua osservazione nei suoi 360°; suscitando l'illusione ottica di stare dentro della scena, considerato il fatto che si eliminava il punto di referanza, ossia la distanza dello spettatore dal palcoscènico. L'edificio originale, che includeva uno di questos "panoramas", venne interamente restaurato nel 1925 dagli architetti Grimaldi e Ulmer, che completarono la struttura con una galleria circolare che circonda la sala e la scena, e allo stesso tempo libera la circolazione dell'edificio considerata la forma peculiare che viene percepita dall'esterno. Lo spazio interno e perfettamente distribuito tra il pubblico e la scena, e presenta un facile accesso alla scena da parte degli attori, e degli spettatori alla sala. La decorazione venne trattata con una minuziosa scelta dei colori delle poltrone, dei tappeti e delle pitture, che fanno parte dello stile del secolo XVIII inglese.

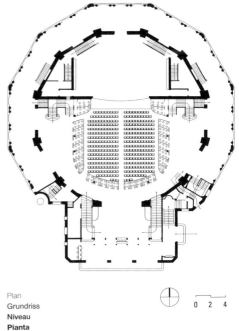

Plan
Grundriss
Niveau
Pianta

0 2 4

Vittel Thermal Spa

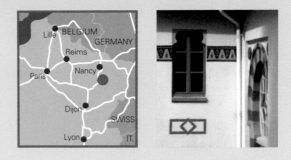

Vittel, Vosges, France
1883–1884

In 1883 Garnier presented a project for the renovation of the spa which was built in Vittel in 1854. His previous program foresaw a new thermal establishment with a double gallery that included two pavilions for repose and reading, a casino, and a hotel. Taking into account the aristocratic audience it was aimed at, the renovation enriched the project with water fountains, kiosks, and cafés. The architect approached this work from the perspective of monumentality, wrapping the whole in ostentatious decorations and bestowing it with gaudy ornamentation. This kind of distortion of all conventions involving dimensions is to confer a greater importance on the targeted element: it enlarges domes, extends staircases, brings colossal measurements to the entranceways... With such a program, the breaking up of proportions confers a clearly determined identity to each space. Garnier was especially careful with the details, where once more he used a Moorish style. He also had to devise a coexistence for the new architecture and the previously existing thermal installations, a difficult task at a time when industrial, medical, and technical development was acquiring increasingly greater importance and when installations had early use-by dates.

Garnier stellte 1883 ein Projekt für die Renovierung des Bades vor, das 1854 in Vittel erbaut wurde. In seinem Plan war ein neues Bad mit einer doppelten Galerie, die in zwei Pavillons zum Ausruhen und Lesen mündete, sowie einem Kasino und einem Hotel vorgesehen. Da das Bad für ein aristokratisches Publikum bestimmt war, plante er auch zwei Wasserquellen, Kioske und Cafés. Der Architekt wollte ein monumentales Bauwerk schaffen und schmückte es deshalb üppig mit majestätischen Verzierungen. Er deformierte alle Dimensionen, um die jeweiligen Elemente zu betonen. So erweiterte er Kuppeln, verlängerte Freitreppen, öffnete riesige Tore. Diese Methode der übermäßigen Proportionen kennzeichnet das Gebäude. Besonders sorgfältig wählte Garnier die Details, die im maurischen Stil gehalten sind. Auch musste er ein Gleichgewicht zwischen dem neuen Gebäude und den bereits vorhandenen Bädern finden, was in jener Zeit der industriellen, medizinischen und technischen Entwicklung nicht einfach war, denn alle neuen Installationen waren sehr schnell überholt.

Garnier présenta en 1883 un projet de restauration de l'établissement balnéaire construit à Vittel en 1854. Son programme prévoyait un nouveau centre thermal doté d'une double galerie, couronnée de deux pavillons destinés au repos et à la lecture, d'un casino et d'un hôtel. Tenant compte du public aristocratique auquel il était destiné, le projet fut enrichi de fontaines, de kiosques et de cafés. L'architecte aborda ce travail selon une perspective monumentale, habillant l'ensemble d'ostentatoires décorations et lui offrant une ornementation majestueuse. Toutes les conventions de dimensions sont ainsi déformées afin de conférer une importance accrue à l'élément choisi : coupoles élargies, volées d'escalier étendues, portails aux dimensions colossales... Jouant de cet artifice – la rupture des proportions – il peut identifier clairement chaque espace. Garnier porta une attention toute spéciale aux détails, qui reçurent ici encore un style mauresque. Il fallut également résoudre le mariage de la nouvelle architecture et des installations thermales existantes. Une tâche difficile au moment précis où le développement industriel, médical et technique acquérait une importance cruciale, les équipements devenant très rapidement obsolètes.

Nel 1883 Garnier presentò un progetto per la ristrutturazione delle terme che probabilmente erano state costruite da Vittel nel 1854. Il programma prevede un nuovo stabilimento termale con una doppia galleria che termina con due padiglioni destinati al risposo e alla lettura, un casino e un hotel. Tenendo in considerazione il pubblico aristocratico a cui era destinato, arricchì il progetto cin fontane, chioschi e caffè. L'architetto concepì questo progetto come un opera che dovesse conferire monumentalità, dando al complesso decorazioni ostentate e maestosi ornamenti. In questo modo distorsiona la convinzione delle dimensioni per attribuire maggior importanza all'elemento scelto: ingrandisce le cupole, estende le scalinate, conferisce dimensioni colossali ai portali. Con questa formula, la rottura delle proporzioni, riesce ad identificare chiaramente ciascun spazio. Garnier fu specialmente attento nei dettagli, dove applicò nuovamente lo stile moresco. Dovette inoltre sollevare il complesso del nuovo corpo architettonico e le istallazioni termali presistenti, un compito difficile in un momento in cui lo sviluppo industriale, medico e tecnico rivestiva sempre maggior importanza, e in cui le istallazioni invecchiavano in brevissimo tempo.

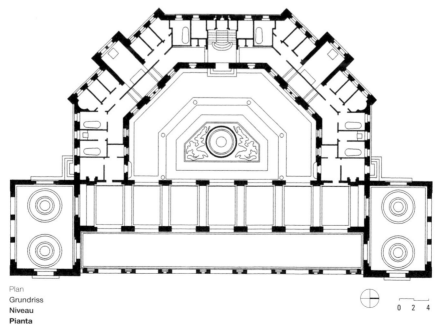

Plan
Grundriss
Niveau
Pianta

0 2 4

Church of La Capelle

La Capelle-en-Thiérache, France
1883–1887

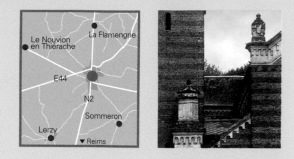

In 1883, Charles Garnier received the commission for plans for a large church dedicated to Saint Grimonie, a saint of Scots origin, in La Capelle-en-Thiérache. Outside, the façade shows a mixture of Italian Roman style and moresque inspiration. A series of steps accesses the porch—a distinguishing element in the architecture of Garnier—which presents a vault covered with a three-sided pyramidal gable roof. During its construction, the architect gave up his right to part of the fees to make it possible to erect the bell-tower, which covers a large portion of this church. Garnier put a stone baseboard in to protect the walls. In this element, he alternated light-colored bricks with common red bricks, devising a combination of light and dark bands on the horizontal. Inside, the central nave is illuminated thanks to the stained glass clerestory windows of the lateral aisles and also to the rose windows framed by arches and continuing down to the tribunes. The interior decoration is austere: the walls are smooth, in light tones, the capitals are bare of ornamentation and the responds from which the arches spring are just simple geometric pieces.

1883 wurde Charles Garnier mit der Planung einer großen Kirche in La Capelle-en-Thiérache beauftragt, die der schottischen Heiligen Santa Grimonie gewidmet war. An der Fassade vermischt sich der römisch-italienische Stil mit maurischen Elementen. Eine Treppe führt zur Vorhalle – ein typisches Element der Architektur Garniers –, die aus einem Bogen mit dreieckigem Satteldach besteht. Während des Baus verzichtete der Architekt auf einen großen Teil des Honorars, um den Glockenturm errichten zu können, der diese Kirche entscheidend prägt. Garnier plante einen Steinsockel unten an den Wänden, über dem sich helle mit rötlichen Ziegeln abwechseln, so dass eine Kombination horizontaler Streifen in hellen und dunklen Tönen entstand. Das Hauptschiff wird durch die Glasfenster des Seitenschiffes erleuchtet und die Fensterrosen werden von Bögen umrahmt, die bis zu den Bänken reichen. Die Dekoration ist nüchtern, die Wände sind glatt und hell, die Kapitelle sind nicht verziert und die Konsolen sind einfache, geometrische Elemente.

En 1883, Charles Garnier recevait commande du projet d'une église aux dimensions conséquentes, dédiée à Sainte Grimonie, sainte d'origine écossaise, à La Capelle-en-Thiérache. À l'extérieur, la façade affiche un mélange de style romain italien et d'esprit mauresque. Des escaliers permettent d'accéder au porche – élément distinctif de l'architecture de Garnier – présentant une arche couverte par un toit triangulaire à double pente. Lors de la construction, l'architecte abandonna une bonne part de ses honoraires afin que fut érigé le clocher, qui revêt une importance essentielle dans l'ensemble. Garnier disposa pour la partie basse des murs un socle en pierre, à partir duquel il ferait alterner les briques claires et rougeâtres dessinant une combinaison de lumière et d'obscurité dans le sens horizontal. À l'intérieur, la nef principale baigne dans la lumière grâce aux verrières des nefs latérales et à des rosettes encadrées par des arches descendant jusqu'aux galeries. La décoration intérieure est austère : les parois sont lisses, dans des tonalités claires ; les chapiteaux sont dépourvus d'ornementation ; les encorbellements sont de simples pièces géométriques.

Nel 1883 Charles Garnier ricevette l'incarico di progettare una chiesa di dimensioni imponenti dedicata a Santa Grimonie, santa di origine scozzese, nel La Capelle-en-Thiérache. Esteriormente, la facciata dimostra un misto tra stile romano italiano e spirito moresco. Una gradinata dà accesso al patio, elemento distintivo dell'architettura di Garnier. Quest'ultimo presenta un arco coperto da un tetto triangolare spiovente. Durante la costruzione, l'architetto rinunciò buona parte del guadagno a patto di poter costruire un campanile, che doveva rivestire e dar grande importanza alla chiesa. Garnier ebbe a disposizione un basamento in pietra nella parte bassa del muro, a partir dal quale alternò mattoni chiari e rossicci che disegnavano un motivo compositivo a striscie chiare e scure in senso orrizzontale. All'interno, la navata principale viene illuminata grazie a vetrate delle navate laterali ed a rosoni incorniciati da archi che scendono fino alle tribune. La decorazione interiore è austera: le pareti sono lisce, di tonalità chiara, i capitelli si mostrano carenti di ornamento e le mensole sono semplici elementi geometrici.

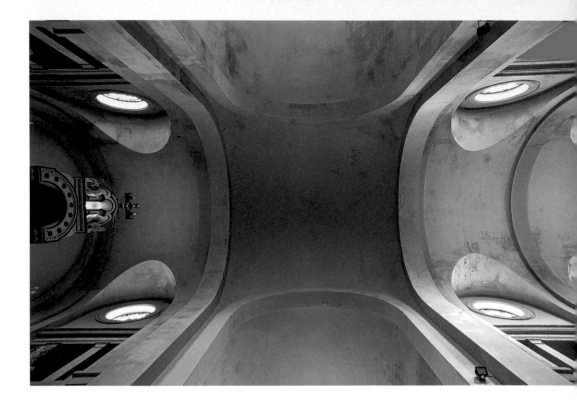

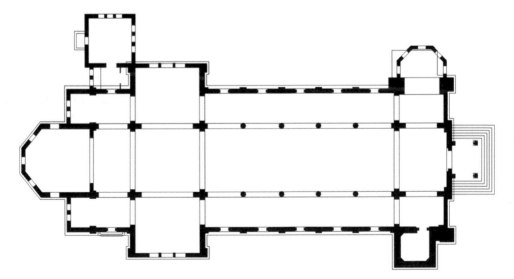

Plan
Grundriss
Niveau
Pianta

0 1 2

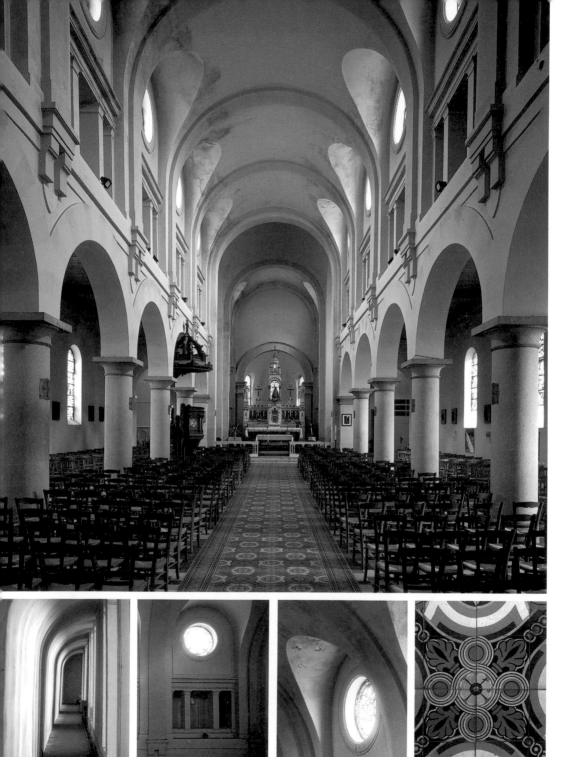

Villa Studio

Via Charles Garnier, Bordighera, Italy
1884

After moving to Bordighera with his son, Garnier decided, in 1884, to build a studio next to his house in order to continue his intense professional activity. The new building is structured on three levels, and the main room as well as the dining room, the living room, and the kitchen, were placed on the first floor. Garnier's studio, as may be clearly seen in the treatment of the façade, occupies the top floor. In this project, the architect used styles and typologies from different periods. However, he differentiated the various functions and simultaneously truncated the narrative: a revealed stone soccle on the ground floor delimits the zone that received the water tank, the first floor was dealt with in summary re-stuccoing work, and on the top level—the studio—the architect decided to return to the style of country houses, in search of his revalorization in regard to the new architecture. The construction includes an ornamental cornice of classical inspiration that conceals the eaves of the roof. The original structure has been modified over time but still today includes a plaque with a monogram on which appear the letters LCGA: Louis Charles Garnier Architecte.

Nach dem Umzug nach Bordighera zusammen mit seinem Sohn beschloss Garnier 1884, eine Werkstatt neben dem Wohnhaus zu errichten, um dort intensiv seiner Arbeit nachzugehen. Das neue Gebäude besteht aus drei Ebenen. Der Hauptsaal, das Esszimmer, das Wohnzimmer und die Küche befinden sich im ersten Stock. Das Atelier von Garnier liegt im Obergeschoss, wie man klar an der Fassade erkennen kann. Der Architekt wendete Stile und Typologien verschiedener Epochen bei diesem Bau an und unterschied zwischen den unterschiedlichen Funktionen, so dass der Bau wenig homogen wirkt. Ein Sockel aus Stein begrenzt den Bereich des Wassertanks, der erste Stock ist nur verputzt und der letzte Stock, in dem sich das Atelier befindet, ist im Landhausstil gehalten, der in der Zeit der modernen Architektur wieder aufgewertet werden sollte. Das Gefälle des Dachs wird von einem klassisch wirkenden Kranzgesims verborgen. Die Originalstruktur wurde mit der Zeit verändert, aber es wurde ein Schild mit dem Monogramm LCGA, Louis Charles Garnier Architecte, erhalten.

Après son déménagement à Bordighera avec son fils, Garnier décide en 1884 de construire un atelier mitoyen à sa résidence afin de poursuivre son intense activité professionnelle. Le nouveau bâtiment affiche trois degrés, la pièce principale, la salle à manger, le salon et la cuisine occupant le premier de ces niveaux. L'étude de Garnier, comme le révèle le traitement de la façade, habite le dernier étage. Dans le cadre du projet, l'architecte a employé des styles et typologies d'époques diverses, différenciant les fonctions distinctes tout en homogénéisant l'ensemble : un socle bas en pierre apparente délimite au premier niveau la zone du réservoir d'eau ; le premier étage est traité avec un simple revêtement et pour l'ultime plan – le studio – l'architecte a décidé de rappeler le style des maisons de campagne, en quête de sa revalorisation face à la nouvelle architecture. Le volume reçoit une couverte arborant une corniche aux réminiscences classiques, occultant l'affaissement du toit. La structure d'origine s'est modifiée avec le temps mais conserve, encore de nos jours, une plaque portant un monogramme avec les lettres LCGA : Louis Charles Garnier Architecte.

Nel suo trasloco a Bordighera con suo figlio, Garnier nel 1884 decide di costruire uno studio unito alla sua residenza per continuare la sua intensa attività professionale. Il nuovo edificio si articola su tre livelli: la camera principale, così come la sala da pranzo, il salone e la cucina vennero collocati al primo piano. Lo studio di Garnier, che si può intravvedere chiaramente nel trattamento della facciata, si trova all'ultimo piano. In questo progetto, l'architetto utilizza stili e tipologie di epoche differenti per ottenere la differenzazione delle diverese funzioni e al tempo stesso rendeva meno omogeneo il complesso. Un basamento in pietra a vista al piano terra delimitava la zona dove si collocava il deposito dell'acqua, il primo piano viene rivestito semplicemente, mentre per l'ultimo piano, quello dello studio, l'architetto decise di tornare allo stile della casa di campagna, in una ricerca della sua valorizzazione di fronte ad una nuova architettura. Il volume viene terminato con una cornice di reminiscenza classica che occulta la caduta del tetto. La struttura originale si è andata modificandosi con il passare del tempo, anche se tuttavia si conserva una placca in cui è inciso un monogramma dove appaiono le lettere LCGA: Louis Charles Garnier Architecte.

Elevation
Aufriss
Élévation
Prospetto

0 1 2

Church of Terrasanta

Via Vittorio Emanuele II, Bordighera, Italy
1883–1902

MEDITERRANEAN SEA

In 1883, Father Giacomo Viale decided to found a new church for the believers of the new city on the plain. He commissioned the project Charles Garnier (who would, however, die before the work was finished in 1902). The design of this curious building includes an oriental form with an agile tower on each side and an accessway roofed like a porch and that stands out from the silhouette of the building as a whole. The bell tower, although not so imposing as La Chapelle, has a magnificent height. The interior is lighted by polychrome stained glass windows, pretty neo-Gothic panes of French manufacture, depicting some of the main Biblical scenes. A single long axis dominates the interior from the entrance to the main altar, surrounded by a small presbytery approached by a set of steps. Behind this is a polygonal apse. The space is organized on a single nave whose side aisles are delimited by semicircular columns and the stained glass clerestories. The decoration was done by artists from different countries such as the Parisian H. Poinsot, whose work is seen in the dome, or Marcel Jambon, who painted the murals.

1883 gründete der Pater Giacomo Viale eine neue Kirche für die Gläubigen der neuen Stadt in der Ebene. Er beauftragte Charles Garnier, der die Beendung des Baus im Jahr 1902 nicht mehr erleben sollte, mit dem Projekt. Dieses seltsame Gebäude mit orientalischem Profil wird von zwei Türmen flankiert. Der Eingang wird von einer Vorhalle gebildet, die sich von der Silhouette des Gebäudes abhebt. Die Kirche hat, ebenso wie La Capelle, einen hohen Glockenturm, der jedoch nicht ganz so dominierend wirkt. Im Inneren befinden sich wundervolle bunte, neogotische Glasfenster aus französischer Fertigung, auf denen die wichtigsten Bibelszenen dargestellt sind. Das Gebäude wird von einer Achse vom Eingang bis zum Hauptaltar dominiert. Der Altar ist von einem kleinen Altarraum umgeben, zu dem man über eine kurze Treppe gelangt und hinter dem sich eine vieleckige Apsis befindet. Es gibt nur ein einziges Schiff, dessen Seitenschiffe durch halbrunde Pilaster und Bögen markiert sind, die Glasfenster umrahmen. Die Kirche wurde von ausländischen Künstlern dekoriert. Die Kuppel stammt von dem Pariser H. Poinsot und die Wandmalereien von Marcel Jambon.

En 1883, le père Giacomo Viale décide de lever une nouvelle église pour les fidèles de la nouvelle cité née des champs. Le projet est confié à Charles Garnier, qui ne survivra pas à l'aboutissement de son œuvre, en 1902. La conception de cette étrange construction présente un profil oriental, flanqué de deux tours élancées, et dispose d'une couverte en forme de porche se détachant de la silhouette de l'ensemble de l'édifice. Comme pour l'église de La Capelle, bien qu'avec plus de mesure, le clocher atteint une hauteur magnifique. L'intérieur est baigné de lumière par des verrières polychromes, de superbes fenêtrages néo-gothiques de fabrication française, représentant les principales scènes bibliques. Un axe directionnel domine les lieux, de l'entrée jusqu'à l'autel principal, enceint dans un petit presbytère auquel l'on accède par des escaliers et derrière lequel se cache une abside polygonale. L'espace s'organise ainsi en une nef unique dont les flancs sont définis par des piliers semi-circulaires et les arches encadrant les verrières. La décoration fut confiée à des artistes étrangers comme le Parisien H. Poinsot, qui s'adjugea la coupole, ou Marcel Jambon, créateur des peintures murales.

Nel 1883, il padre di Giacomo Viale decide di fondare una buova chiesa per i fedeli della nuova città cresciuta nella pianura. Incaricò il progetto a Charles Garnier, che non sopravvivì per vedere il termine dei lavori, nel 1902. Il disegno di questo curioso edificio presenta un profilo orientale fiancheggiato da due agili torri, con una entrata coperta come se fosse un patio che si distacca dalla linea del complesso architettonico. Come avvenne per la chiesa de La Capelle, anche se con meno prepotenza, il campanile presenta un'incredibile altezza. Lo spazio interno è illuminato con vetrate policrome, da meravogliose vetrate neogotiche fabbricate in francia, dove vengono rappresentate le principali scene bibliche. Un asse direzionale domina l'interno dell'edificio dall'accesso principale fino all'altare maggiore, circondato da un piccolo presbiterio a cui si accede da alcune scale e dietro al cuale è collocato l'abside poligonale. Lo spazio rimane organizzato da una navata unica centrale, mentre quelle laterali sono determinate da colonne semicircolari e dagli archi che incorniciano le vetrate. La decorazione venne realizzata da artisti stranieri, come per esempio dal parigino H. Poinsot, al quale si conferisce la cupola, o a Marcel Jambon, che dipinse la pittura murale.

CHARLES GARNIER

L'ILLUSTRE ARCHITECTE FRANÇAIS, DONNA LES PLANS DE CETTE ÉGLISE.
QUAND IL MOURUT, A 72 ANS, EN CHRÉTIEN, A PARIS, LE 3 AOÛT 1898,
ON ACHEVAIT, A PEINE LE PORCHE, BÂTI DOUZE ANS APRÈS L'INAUGURATION.
SON FILS UNIQUE, CHRISTIAN GARNIER, GÉOGRAPHE, LAURÉAT DE
L'INSTITUT DE FRANCE, EN MOURANT A PARIS, CHRÉTIENNEMENT AUSSI, A
26 ANS, UN MOIS APRÈS SON PÈRE, (LE 4 SEPTEMBRE 1898), RECOMMANDA
A SA MÈRE INCONSOLABLE, D'ACHEVER A BORDIGHERA L'ŒUVRE PATERNELLE,
EN FAISANT ÉLEVER A SES FRAIS LE CAMPANILE ET L'AUTEL, TERMINÉS
EN 1900, D'APRÈS LES CROQUIS LAISSÉS PAR LE GRAND ARTISTE, ET
EXÉCUTER LES PEINTURES, FAITES EN 1902

VOUS, QUI ENTREZ DANS CETTE ÉGLISE POUR DEMANDER
A DIEU LE COURAGE DANS VOS ÉPREUVES OU LA CONSOLATION DANS
LA DOULEUR.
PRIEZ POUR CHARLES, LOUISE, ET CHRISTIAN GARNIER-

Chronology of Garnier's works

1825	Birth in Paris, France, November 6.
1838	Enters the School of Design, Paris, France.
1842	Admitted to the School of Fine Arts of the French Academy, Paris, France.
	Begins to work at the studio of Louis-Hippolyte Lebas, Paris, France.
	Awarded the Grand Prize of Rome in architecture for the project "Conservatoire des Arts et Métiers".
1849–1853	Awarded a grant by the academy in Villa Medici, Rome, Italy.
	Travels in Greece and Turkey.
1859	Receives a private commission for the construction of a building on the Boulevard Sébastopol, Paris, France.
1858–1876	Awarded numerous prizes and commissions of responsibility in Paris, France.
1860	Named "architecte ordinaire de la ville", Paris, France.
1861	Wins the bid to build the new Paris Opera, Paris, France.
1861–1875	Garnier's Paris Opera, Paris, France.

1871	Villa Garnier, Bordighera, Italy.
1873–1878	Communal School, Bordighera, Italy.
1875	Villa Etelinda, Bordighera, Italy.
1878	Concert Room, Monte-Carlo Casino, Monte-Carlo, Principauté de Monaco.
	Maison Hachette, Paris, France.
	Cercle de la Librairie, Paris, France.
1879–1887	Nice Astronomical Observatory, Nice, France.
1882	Panorama Valentino.
1883	Marigny Theater, Paris, France.
1883–1884	Vittel Thermal Spa, France.
1883–1887	Church of La Capelle, La Capelle-en-Thiérache, France.
1883–1902	Church of Terrasanta, Bordighera, Italy.
1884	Villa Studio, Bordighera, Italy.
1889–1891	Elected president of the Société Centrale des Architectes Français, Paris, France.
1895–1897	Re-elected president of the Société Centrale des Architectes Français, Paris, France.
1898	Named president of honor of the Société Centrale des Architectes Français, Paris, France.
	August 3, Death at the age of 72.

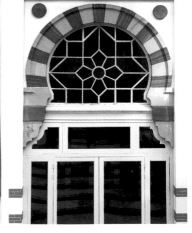

Acknowledgments

To Martine Kahanne, of Garnier's Opera, and Juliette Haenel, of Monte-Carlo Casino.